Puoi ripagare l'impegno che l'autore ha dedicato alla stesura di quest'opera.

Acquista una copia del libro tramite

vai su: <u>https://www.lulu.com/</u>

seleziona l'accesso in Italiano
e cerca nell'apposito spazio, digitando il titolo
"PENSIERI SPARSI PER PERSONE FELICI"

ISBN 978-0-244-54081-4

Presto, troverai lo stesso libro attraverso
altri canali di vendita.

Un uomo disse a Buddha:
"Io voglio la felicità"

Il Buddha rispose:
*"prima elimina l'io, quello è l'ego,
poi elimina il voglio, quello è l'attaccamento,
quello che ti rimarrà sarà solo la felicità".*

Dedicato a mia figlia Aurora

Renato Di Gesù

PENSIERI SPARSI PER PERSONE FELICI

****

PER CHI NON HA TEMPO DA PERDERE CON I PIAGNISTEI

INDICE

PENSIERI SPARSI PER PERSONE FELICI

****

PER CHI NON HA TEMPO DA PERDERE CON I PIAGNISTEI

Introduzione

Questo libro è rivolto principalmente alle persone felici, ma può essere letto da chiunque.

Una persona felice alla quale lo dedico sei proprio tu.

E se per caso non ti senti ancora tale, scoprirai di esserlo dopo che avrai percorso un cammino che ti porterà dove si trova tutta la vitalità della tua vera natura.

Questo libro è dedicato a te, perché spero di riuscire ad offrirti qualcosa che ti consentirà di vivere più serenamente, smettendo di lamentarti delle difficoltà che, in tante occasioni, rovinano le tue giornate.

Probabilmente ti chiederai come faccio ad essere così sicuro di riuscire ad offrirti tanto.

Hai ragione, posso anche apparire piuttosto presuntuoso. Cosa posso avere di così speciale per riuscire a fare tutto ciò?

NIENTE!

Non sono migliore di tanta altra gente, tuttavia mi metto a tua disposizione e farò del mio meglio per suggerirti ciò che ti potrebbe garantire una vita più piena.

Solo se vorrai, puoi continuare a leggere questo libro e potrai giudicarlo come meglio credi. Infatti, è bene che tu possa avere un po' di sana diffidenza e, soprattutto, puoi anche pensare di non avere alcun bisogno di certe "robe" (che fortuna!). In realtà, nessuno ti obbliga a far nulla e puoi continuare a "crogiolarti" nella tua solita quotidianità, oppure puoi provare a scoprire qualcosa di nuovo che ti potrebbe servire.

Quella che ti propongo è solo una semplice opportunità, nulla di più e, per me, può anche andar bene che nessuno si interessi a quanto stai per leggere. Io posso vivere tranquillamente in ogni caso.

Lascio a te la tua libera scelta.

Un proverbio dice "mal comune, mezzo gaudio" e, ti assicuro, la situazione reale è proprio questa. Non pensare che io mi senta una sorta di "maestro di vita" e che abbia risolto tutti i miei problemi, mettendo tutto a posto. La verità è un'altra.

Per diverse ragioni, tante volte nella mia vita mi sono sentito depresso ed, a dir il vero, una discreta tristezza torna spesso a far capolino nelle mie giornate.

Tuttavia, ciò che mi consente di guardare avanti, con fiducia, è la consapevolezza che ogni sofferenza può indurre ad una continua ricerca di valori e risorse che, alla lunga, possono arricchire ogni persona. Certamente non ho raggiunto la mia meta e sto ancora camminando, sto ancora facendo tutti gli errori dai quali provo ad imparare qualcosa, ma credo di essere abbastanza fortunato a ritrovarmi a percorrere una strada di utile crescita.

Sono convinto che tu stia percorrendo una via parallela alla mia e da dove sono io, potrei vedere cose sulla tua strada che tu non riesci a vedere, qualche ostacolo che incontrerai od un sentiero alternativo che potresti imboccare e sarò ben contento di aiutarti, perché essere partecipe ai bisogni di ogni persona può essere un entusiasmante scopo della vita.

Il cammino che percorreremo insieme può condurci alla consapevolezza che **la felicità non è l'assenza di sofferenza, perché in tal senso la felicità non esiste.** Questo può sembrare un concetto difficile da accettare, ma leggendo questo libro si può cambiare idea.

SE SERVISSE RIFIUTARE

Inizio a scrivere raccontandoti un brutto sogno che ho fatto qualche tempo fa.
Ho sognato di trovarmi nella città dove avevo frequentato l'università e, chissà per quale strano motivo, ero in compagnia di mia figlia di nove anni.

Ad un certo punto, nel sogno, mi rendevo conto di averla persa di vista e cominciavo disperatamente a cercarla, senza riuscire a trovarla.

Con questa angoscia nel cuore mi sono svegliato ed, invano, ho cercato di recuperare la calma, pur consapevole di essere tranquillamente a letto a casa mia e che mia figlia dormisse serenamente nella sua cameretta.

Anche se ero assolutamente certo di aver fatto "solo" un sogno, continuavo a sentirmi profondamente angosciato e non riuscivo a riaddormentarmi. Cercavo, con tutte le mie forze, di allontanare l'angoscia ma non ci riuscivo.

Allora ho provato a cambiare il mio atteggiamento ed ho lasciato fluire l'angoscia liberamente. Ho aperto il mio cuore all'angoscia stessa, accogliendola con tutta la disponibilità che riuscivo ad esprimere, quasi abbracciandola con sentimento amichevole (mi darai dello stupido per aver fatto ciò?).

Ho deliberatamente smesso di rifiutarla e lasciavo che continuasse a restare con me per tutto il tempo che avrebbe voluto e, dopo un po'....

mi sono addormentato!

Quella notte ho sperimentato come **rifiutare un'angoscia non serve a risolverla.**

Era stato solo un sogno a suscitarla e lo sapevo benissimo. Non avevo realmente perso mia figlia, ma più provavo a rifiutare l'angoscia e più essa mi torturava e non mi lasciava dormire.

È ovvio che chiunque può aver sperimentato un'esperienza simile; chiunque sa bene come i sogni risultino estremamente credibili per la nostra mente e che ci si può svegliare con tante emozioni legate ad un sogno appena fatto, come se la vicenda fosse realmente accaduta. Ma, per me, non è questo il fatto interessante.

Il fatto interessante è aver sperimentato come una emozione, anche se razionalmente ingiustificata, non può essere realmente controllata dalla nostra volontà.

Un'altra cosa interessante è come si comporta il nostro cervello se smettiamo di rifiutare un pensiero o un'emozione sgradevole.

Non è che si risolva il problema concreto al quale si legano pensieri ed emozioni, ma si scopre che i pensieri e le emozioni stesse "si risolvono" solo nel momento in cui diventi disponibile ad essi, solo quando smetti di rifiutarli, quando li lasci fluire liberamente nel tuo corpo, quando **fai pace** con loro. Non è detto che smetteranno di esserci, ma a quel punto non t'importerà più nulla perché non li sentirai più come un problema, anche se dovessero restare con te.

Diventerai consapevole che la situazione concreta che li ha generati (se presente) è il vero problema da affrontare e lo potrai fare con maggiore efficacia, perché non sarai più impegnato a combattere l'angoscia associata ad essa.

La vicenda, che ti ho raccontato, può sembrarti un po' "banale" ma ti assicuro che non lo è in quanto si può anche correlare ad una mole di conoscenze scientifiche, in ambito psicoterapeutico, alle quali mi sto interessando da un po' di tempo e che riguardano la cosiddetta ACT, ovvero l'Acceptance and Commitment Therapy.

Non ti voglio annoiare parlandoti di questo argomento piuttosto "tecnico", ma se vorrai potrai conoscerlo meglio leggendo alcuni libri di Steven C. Hayes, ideatore dell'ACT, o di un altro brillante Psicologo come Russ Harris.

PUOI LECCARE TUTTO TRANNE CHE LA TUA LINGUA

Riconosco che il titolo di questo capitolo può apparire piuttosto ridicolo se non, addirittura, stupido.

Il fatto è che tutti noi facciamo qualcosa di simile per tutta la nostra vita. Io ho impiegato più di cinquantanni per rendermene conto e ti assicuro che, quando riuscirai a notare come sia assolutamente vero tutto ciò, anche la tua vita comincerà a cambiare.

Un abile scrittore sta ben attento a non svelare il finale "importante" nelle prime righe del libro che sta scrivendo, così da trattenere il lettore attaccato allo stesso libro fino alla fine. Ma io non sono abile e neppure scrittore e, quindi, ho ritenuto estremamente utile introdurre subito uno dei principali temi di cui voglio parlare in questo libro.

Noi tutti sentiamo di esistere ed ognuno sente di essere un Sé, cercando continuamente di "vedere" questo Sé. È come se volessimo osservare direttamente la nostra nuca. Sottolineo la parola "direttamente", perché ciò è ben diverso dal riuscire a vedere la propria nuca, ad esempio, con due specchi.

Quando vai dal barbiere ed, alla fine del taglio dei capelli, ti fa osservare il bel lavoro che ha fatto, utilizzando uno specchio che orienta verso la tua nuca, tu riesci a vedere l'immagine che da quello specchio viene proiettata all'altro specchio più grande che hai davanti a te. Così tu "credi" di vedere la tua nuca ma, in realtà, vedi la sua immagine riflessa da due specchi.

Noi sentiamo di essere un Sé e per tutta la vita cerchiamo di vedere, appunto, quel Sé non riuscendo mai in tale impresa. È la condanna di tutta la nostra esistenza. Il Sé cerca costantemente se stesso senza mai riuscirci, in quanto l'unica cosa che può fare è essere testimone di ciò che è altro da Sé.

La lingua non può leccare se stessa ed il Sé non può "vedere" se stesso, anche se ha la tormentosa certezza di esistere. È terribile! Sai che esisti ma non ti vedi, ti senti cieco. Sei assetato e non trovi l'acqua. E per questa tragica condanna cominci presto a cercarti e, fin dalla più tenera età, speri che quello che gli altri dicono di te sia ciò che disperatamente cerchi. Ma il fatto è che c'è chi dice che sei "buono" e c'è chi dice che sei "cattivo", a seconda delle diverse circostanze e convenienze (degli altri).

Cominci anche a credere che l'immagine che tu hai di te stesso ti consenta di conoscere te stesso. Ma il problema è che un giorno ti vedi bello ed un altro giorno ti vedi brutto. Poi le cose si complicano ancora quando cominci a confrontare queste fantasiose immagini con gli altri. Ti guardi intorno ma, in realtà, sei sempre alla ricerca di te stesso.

E vivi un'intera vita insoddisfatto perché cerchi solo ed unicamente te stesso e non lo trovi mai. Stai tutto il tempo a parlare con la gente, con tua madre e con tuo padre, con tua moglie o con tuo marito, con l'amico, con il collega e sei, continuamente, alla disperata ricerca di quel te stesso che senti che esiste ma che non trovi mai. Tuttavia, la verità è semplice: puoi leccare tutto, tranne che la tua lingua.

Non puoi trovare te stesso nell'immagine del buon figlio che hai voluto/dovuto essere per un bel po' di tempo, non puoi trovare te stesso nell'immagine del buon marito/moglie che hai voluto/dovuto essere, non puoi trovare te stesso nell'immagine dell'uomo o donna di successo che freneticamente hai cercato di essere per una vita, non puoi trovare te stesso nell'immagine dell'uomo sano e forte che vorresti essere per sempre ma che, purtroppo, ad un certo punto diventerà vecchio e probabilmente anche malato.

Può capitare che, per un incidente, perdi una gamba e credi di non essere più lo stesso di prima. In realtà ti disperi perché hai perso solo un'immagine di ciò che la tua consapevolezza percepisce di Sé, ma quel Sé è sempre lì, identico a se stesso, come era fin dal tuo primo giorno di vita, in perpetua ricerca di se stesso.

Poi ti rendi anche conto che la gente muore e cominci a rattristarti perché non hai ancora trovato te stesso e, prima o poi, morirai anche tu. E tu non ti arrendi, continui a cercare per una vita, ma la verità è sempre quella: puoi leccare tutto, tranne che la tua lingua.

E se smettessi di cercare?

A quel punto troveresti te stesso! Tu sei il testimone di tutto ciò che accade intorno a te anzi, in realtà, sei anche testimone di ciò che accade a te stesso. Non sei il bambino bravo o cattivo, l'uomo bello o brutto, forte o debole, intelligente o stupido, capace o incapace, ricco o povero, cattolico o mussulmano, bianco o nero, di destra o di sinistra. Quel Sé che hai cercato per una vita è semplicemente il testimone di tutto ciò. Se sei bello sei te stesso, ma lo sei anche se sei brutto e non è escluso che il brutto di oggi possa diventare il bello di domani.

Non cercare te stesso in tutte queste immagini, anzi **smetti proprio di cercare e ti troverai**. È semplice, basterebbe smettere di provare a leccare la propria lingua.

Purtroppo lo hai fatto per una vita, è diventata un'abitudine e ci cascherai ancora tante altre volte, non ti illudere!

Ma ora lo sai che non serve a niente, che è solo tempo perso e che l'unica cosa che puoi fare è ammirare tutto quello che c'è in te ed intorno a te anche se non è il tuo vero Sé, anche se un giorno tutto questo finirà.

NON RESTARE IN STAND-BY

Non tenere in "stand-by" la reale natura della tua esistenza, il tuo vero "io". La sua nuda essenza è reale, come ogni altra cosa, ma non vi è alcun obbligo di confrontarla con tutto ciò che ti circonda.

Esiste tutto lo scenario della vita, tutto ciò di cui sei testimone che, pur essendo solo un'immagine nella tua mente, è pur sempre la rappresentazione di ciò che percepisci. Ma non dimenticare la tua nuda natura, non vivere come se non esistesse. Nell'attimo in cui sei nato, la tua vera natura era nella sua nuda completezza; nell'attimo prima di morire la tua vera natura sarà ancora nella sua nuda completezza. Non c'è alcun motivo perché, in tutto il tempo compreso tra questi due istanti, la tua reale e nuda natura svanisca, soffocata dalle immagini illusorie della tua mente.

Solo finché cercherai una "base" al di fuori di te continuerai a sentirti instabile. Tutti i ruoli che assumi e gli "abiti" che indossi (e che ti fanno indossare) nella vita sono reali, ma sono solo abiti; la tua nuda natura esiste insieme a loro. Se riesci a percepirla, scopri che non c'è alcun vuoto dentro di te e ti senti stabile su ciò che non è al di fuori di te.

LASCIA "MORIRE" IL TUO EGO

L'Ego è il modo distorto di considerare se stessi, quel che si è e quel che si fa. È il modo distorto con cui ci si rapporta con tutto ciò che ci circonda, in particolare con le altre persone. L'Ego è come una maschera che nasconde il tuo vero io.

L'Ego parla con la voce del desiderio, del confronto, dell'attaccamento, per descrivere una realtà che è del tutto illusoria, non riconoscendone la sua impermanenza. L'Ego parla con la voce della paura: la paura di essere giudicati e per questo giudica; la paura di essere aggrediti e per questo aggredisce.

Solo la morte dell'ego può risvegliare l'io, consentendone la piena esistenza. Perché il tuo Ego muoia, non devi combatterlo, devi solo riconoscerlo. Ricorda che è come un bambino impaurito che si crede circondato dai mostri in una stanza buia. FAI PACE COL TUO EGO, guardalo in faccia, non negarlo, abbraccialo con compassione e con pazienza e lui smetterà di strillare contro i suoi mostri.

Non lo condannare, è un aspetto naturale della tua esistenza, riconosci che ci convivi da moltissimo tempo e, con un sorriso, salutalo e lascialo libero di morire.

Rassegnati a far morire il tuo Ego e, senza far null'altro, ti accorgerai di vivere nella pienezza dell'io, in armonia con tutta le realtà che ti circonda. Non ci sarà sforzo perché l'io vive, semplicemente, assecondando il flusso naturale degli eventi. Alla fine capirai che puoi fare a meno del tuo Ego e la tua vera natura riaffiorerà, continuando ad esistere, libera dal peso che prima la soffocava.

ABBIAMO DUE VITE

Probabilmente ci sarà chi giudicherà tutto quel che è scritto in questo libro come un patetico tentativo di fuga dalla realtà. Leggere queste pagine potrebbe, anche, apparire come una noiosa perdita di tempo che può, soltanto, allontanare dal sano divertimento e dal gusto dei tanti piaceri della vita.

Pazienza, io confido nel fatto che tu possa verificare se non si tratta, invece, della coraggiosa scelta di riscoprire in maniera più serena, libera e consapevole il reale valore della tua stessa vita.

C'è una bella frase, attribuita a Confucio, che voglio citare:

"Abbiamo due Vite.
La seconda inizia quando ci rendiamo conto di
averne solo Una"

TU NON SEI I TUOI PENSIERI

Ti avviso: per leggere quel che segue avrai bisogno di tanta pazienza e di un po' di attenzione, ma alla fine, probabilmente, la tua vita comincerà a cambiare.

Il tema trattato in quel che stai per leggere è la Mente (ovvero l'Ego). La "Mente" è un mito che nasce dall'assunto che i pensieri sono auto-generati e spontanei, ma di fatto il cervello è solo un "reattore", non un creatore. È molto difficile accettare questo, perché per secoli ci hanno fatto credere che il nostro Sé coincide con la nostra mente.

In realtà, se tu provi a bloccare quello che tu ritieni di essere, ovvero i tuoi pensieri, puoi riuscirci? E se non ci riesci, dunque, chi è il vero creatore dei pensieri. La mente non è la vera creatrice di pensiero, ma risponde a degli stimoli. Quello che esiste è solo lo stimolo e la risposta.

Puoi decidere sempre tu quali pensieri avere? No, non puoi perché i tuoi pensieri vengono su da soli. Dunque tu non sei i tuoi pensieri.. questi semplicemente accadono.

Anche quando riesci a percepire un fugace intervallo tra diversi pensieri, quando il tuo pensiero si è arrestato, forse hai cessato di esistere? Sei entrato in coma, sei svenuto, sei caduto nell'incoscienza? Naturalmente no. Se anche in assenza dei tuoi pensieri ci sei sempre, chi sei?

Come ti ho spiegato nel precedente capitolo, la tua consapevolezza non può essere soggetto ed oggetto allo stesso tempo (ricordi? Non puoi leccare la tua lingua). Non puoi essere allo stesso tempo colui che percepisce e colui che crea la percezione.

Tu non puoi essere pensato ed essere allo stesso tempo colui che pensa. Se percepisci la voce dei tuoi pensieri nella tua testa, non puoi essere quella voce. Quella voce succede nella tua testa, ma non sei Tu che la produci. Tu, in realtà, sei la consapevolezza di esserci in questo preciso momento. Tu sei lo spazio che rimane, tu sei il vuoto ed il tutto allo stesso tempo. Pura consapevolezza, puro silenzio.

Purtroppo non siamo quasi mai consapevoli di tutto ciò, dato che la nostra mente è l'unica cosa che sentiamo costantemente presente in noi e finiamo con l'identificarci con essa. Ci convinciamo di essere quel continuo ronzio di pensieri che non smettono mai di frullare nella nostra testa, dalla mattina appena ci svegliamo fino al momento in cui ci addormentiamo. Ma non è così. Tu non sei quel continuo ronzio nella tua testa.

Riflettici un attimo. Ricordi il "ronzio mentale" che era presente nella tua mente a sedici anni. Era lo stesso di quello che hai oggi? Molto probabilmente no. E quello di oggi è uguale a quello che avevi a vent'anni? Quasi certamente anche in questo caso la risposta è no, visto che è molto probabile che il "ronzio" di oggi non ha niente a che fare nemmeno con quello di ieri. Ergo, delle due l'una: o tu non sei quell'essere che ha vissuto tutte quelle età, oppure non sei quel "ronzio", non sei la tua mente.

Ma se non sei la tua mente, allora non sei nemmeno niente di ciò con cui la tua mente si identifica di volta in volta: non sei un dottore, non sei un impiegato, non sei un operaio, non sei un avvocato, non sei un dipendente, non sei un professore, non sei un automobilista, non sei un capo, non sei uno pieno di soldi, non sei un poveraccio, non sei il presidente, non sei uno sportivo, non sei un fumatore... Queste sono tutte cose che fai, ma non sono ciò che sei.

Ovviamente è assolutamente normale fare queste e altre cose. Il problema sorge quando ti identifichi con esse. Se ti identifichi come "impiegato" allora tutto il resto della tua vita e tutte le tue azioni e pensieri ruoteranno intorno a questa immagine; e così sentirai sempre che ti manca qualcosa, provando una costante infelicità.

Ecco perché quando cerchiamo di "staccare", facendo qualcosa di completamente diverso da quello che siamo abituati, quella felicità per il nuovo dura giusto un istante: poi ripiombiamo nella nostra infelicità. Così facendo, leviamo una maschera per indossarne un'altra, continuando a trascurare chi siamo veramente. Ma se non siamo quello che facciamo, se non siamo quello che la nostra mente ci dice di essere, allora chi siamo veramente?

Per poterlo capire esiste un modo: percepire di essere silenziosi testimoni, smettere di giudicare tutto e tutti e iniziare a vivere il momento presente. È una cosa che all'inizio risulta difficilissimo fare: se ci siamo identificati per tutta la vita con i nostri pensieri, l'idea stessa di ascoltare il silenzio della mente suonerà come se ci stessimo dicendo che dobbiamo smettere di vivere. Può anche far paura ed è una reazione assolutamente normale. Ma se superiamo questo momento, allora tutto ci sarà chiaro e ritroveremo l'armonia con tutto l'esistente. Con paziente pratica riusciremo, sempre più, ad accorgerci di essere pura consapevolezza. Il vuoto che racchiude tutto.

Cos'altro potresti essere? Se la tua consapevolezza si identifica con i pensieri, i ricordi, i progetti per il futuro, stai facendo riferimento solo al tuo Ego, ovvero alle cose accumulate nella tua vita. L'Ego è la tua età, il tuo genere sessuale, ciò che ti piace e non ti piace, i tuoi ricordi. Ma niente di ciò esiste quando la tua consapevolezza si volge all'interno ed osserva il silenzio della propria natura. Quando la tua mente è in silenzio, puoi guardare i tuoi pensieri come se fossero nuvole su in alto nel cielo, mentre tu sei lontano, sulla terra.

Non identificarti, non diventare tutt'uno con i tuoi pensieri. Non dire: "Questo è il mio pensiero". Appena dici "mio", ti sei identificato e, appena ti sei identificato, tutta la tua energia fluisce verso quel pensiero. È questa energia che ti rende schiavo. Non identificarti.

Anche quando arriva un sentimento come la rabbia, mettiti da una parte, a distanza, e osservala. Lascia che cresca e permei tutto il tuo corpo. Ti avvolgerà da ogni lato. Lasciala fare! Devi solo ricordarti una piccola cosa – tu non sei la tua rabbia.

Non avere fretta di saltarci dentro, perché allora sarà difficile uscirne. Osservala, ma rimani fermo su di un punto: se davvero devi rispondere ad una persona che ti ha insultato, fallo quando la rabbia è scomparsa. Per nessuna ragione fallo prima di allora. Tu sei l'osservatore! I pensieri, i sentimenti e le emozioni vanno e vengono, ma il testimone rimane. Ricordare di essere quel testimone ti rende sempre più equilibrato e se tu non sei i tuoi pensieri, non sei obbligato a subirli.

Ringrazio alcune fonti dalle quali ho tratto le riflessioni esposte in questo capitolo:

1. http://www.gianfrancobertagni.it/
2. http://arscommunicandi.blogspot.com/
3. http://fabriziobartolini.blogspot.com/

L'EGO È COME UN SINGOLO FOTOGRAMMA

La nostra esistenza è come un film che scorre su una pellicola ed ogni suo singolo fotogramma NON corrisponde all'intera realtà dello stesso film.

Non ti puoi illudere di poter trattenere un singolo fotogramma, pensando che quello corrisponda al film intero. Per gustare tutta la bellezza del film devi continuare ad "abbandonare" ogni fotogramma che precede quello che stai osservando adesso, in ogni singolo istante. Analogamente, non puoi stare a pensare, costantemente, a cosa rappresenterà il fotogramma immediatamente successivo, senza perdere la bellezza del fotogramma presente.

Dobbiamo considerare che, in realtà, qualsiasi cosa che ci accada è ciò che per noi è buono in quell'istante, semplicemente perché è l'unica realtà, vera, di quel momento.

Le stesse riflessioni si possono fare per ciò che consideriamo il nostro "io". Anche l'immagine mentale che abbiamo del nostro io corrisponde ad un singolo fotogramma del film che rappresenta la nostra persona. In realtà, l'io è in continua evoluzione ed ogni cosa che siamo in un istante, non esiste più già nel momento successivo e non sarà uguale a ciò che saremo un attimo dopo. Quel che noi consideriamo il nostro "io" è un singolo fotogramma al quale ci siamo "attaccati" e che, in realtà, corrisponde al nostro "ego" che tentiamo di trattenere con illusoria tenacia.

L'attaccamento a questa nostra falsa immagine è una delle principali cause della nostra sofferenza.

COME VIVERE IN PACE CON SE STESSI

Lao Tzu disse: "se sei depresso stai vivendo nel passato. Se sei ansioso, stai vivendo nel futuro. Se sei in pace, stai vivendo nel presente".

A volte ci vuole una vita per comprendere cose semplici. Ho impiegato più di mezzo secolo ad arrivarci, non sono un genio come Lao Tzu. Anch'io ho capito che, anche se ogni cosa che fai dipende dal passato e guarda al futuro, non puoi deludere il passato, fingendo di occuparti del presente e non puoi pretendere il futuro, se trascuri cosa accade ora.

IL SIGNIFICATO È ADESSO

C'è una storiella che racconta di due giovani pesci che, nuotando tranquillamente in fondo al mare, incontrano un vecchio pesce che dice loro: "salve, com'è l'acqua?" e poi si allontana. I due giovani pesci si guardano tra di loro, un po' stupiti, ed uno dice all'altro: "cos'è l'acqua?"

Questa storiella può aiutarci a capire tante cose e, tra queste, che le cose importanti della vita sono proprio d'avanti i nostri occhi, noi ci stiamo in mezzo ma, spesso, non ci rendiamo conto della loro esistenza. Quello che conta veramente, nella vita, è semplicemente quello che stiamo vivendo, le nostre emozioni, la realtà così com'è, senza tanti altri "fronzoli" rappresentati dai nostri giudizi e dal nostro pensiero in genere. Il problema è che "nuotiamo" dentro la realtà senza essere realmente consapevoli della sua esistenza.

Non è una colpa, dato che è abbastanza naturale avere questo atteggiamento, ma bisogna ammettere che tutti preferiamo perdere tempo ascoltando il nostro "chiacchiericcio" interiore, riguardante la nostra persona e tutto ciò che ci circonda e siamo, sostanzialmente, incapaci di percepire la realtà in modo più diretto.

Una delle principali cause della distorta visione della nostra esistenza sta nel fatto che non riusciamo a fare a meno delle idee di "passato" e "futuro". Sebbene sia, oltretutto, scientificamente discutibile la stessa esistenza del passato e del futuro, anche ammesso che essi siano reali, questa idea non ci consentirebbe di essere così tanto orgogliosi di come trascuriamo il "momento presente".

Emil M. Cioran, filosofo, saggista ed aforista rumeno tra i più influenti del XX secolo, affermava che "tutti hanno lo stesso difetto: aspettano di vivere, giacché non hanno il coraggio di ogni istante". Sono stati tanti, nei secoli, a sottolineare l'importanza del momento presente, tuttavia, nella nostra cultura, si rifiuta spesso il profondo valore di ciò che viviamo in ogni istante.

La cosa buffa è che, tante volte, sentiamo che ci manca "qualcosa" e ci affanniamo a cercarla in modo assurdo. Poi, ad un certo punto, può accadere il "miracolo". In questa ricerca, un po' nevrotica, può anche capitare di accostarsi allo Zen e non è certamente questo il "miracolo", in quanto la cosa bella di questa tradizione religiosa e di tutto il Buddismo in genere è che, ad un certo punto, ti rendi conto di tutte le sciocchezze che cercavi nello stesso Zen.

Con la meditazione (anche quella praticata dai monaci Zen, detta appunto "Zazen"), ad un certo punto, ti puoi accorgere che quel che cercavi è tutto intorno a te, ne sei parte, è la realtà dell'intera esistenza, è semplicemente ADESSO.

Comprendi che conta solo ciò che esiste nell'istante presente e che la tua stessa esistenza è solo ADESSO, anche se tutto ciò non ha alcuna definizione, alcuna faccia, se non nell'illusione creata dalla tua mente che tenta, disperatamente, di "trattenere" il flusso continuo dell'esistenza. Capisci che quello che tu credi che sia il tuo volto, in realtà, è solo l'immagine del tuo Ego.

Il significato di tutto è come l'acqua in cui nuotano i due giovani pesciolini della storiella che hai letto prima.

Anche Gesù, un giorno, interrogato dai Farisei: "quando verrà il Regno di Dio?", rispose: "il Regno di Dio non viene in modo da attirare l'attenzione e nessuno dirà: eccolo qui o eccolo là. Perché il Regno di Dio è in mezzo a voi!" (dal Vangelo di Luca).

Pertanto, ogni volta che te lo ricordi, fermati un attimo e pensa che "il significato è ADESSO!".

LA RICCHEZZA DELLA VITA STA SOLO NELL'ATTIMO PRESENTE

Probabilmente, in tutto ciò che hai letto finora senti "odore" di eccessivo misticismo, un tantino "fanatico". Può darsi, tuttavia ritengo che questi principi possano realmente aiutarci e sono convinto che la loro "interiorizzazione" possa avvenire dopo un percorso che potrai cominciare solo dopo aver letto altre pagine di questo libro.

Innegabilmente, tra i tanti valori fondanti della cultura orientale vi è quello del "momento presente" ed, anche a costo di risultare un po' noioso, voglio insistere nel trattare della sua importanza.

Se, in ogni momento della vita, stai a pensare cosa è successo un attimo prima non fai altro che perdere il valore di ciò che è davanti i tuoi occhi; perdi l'unica occasione che hai per vivere un fatto reale. Bello o brutto che sia, il presente è reale e non può valere meno di ciò che non c'è più. Se stai ancora a pensare al passato perdi solo l'unica occasione di essere presente con ciò che c'è adesso. Se stai a pensare a ciò che potrà accadere nel futuro, fai lo stesso errore e perdi un altro momento importante della tua vita reale. Non si tratta di dimenticare il passato e non si deve rinunciare a progettare il futuro, ma non cadere nell'errore di sentirti partecipare di questi momenti che ora sono semplicemente assenti. Partecipa solo al presente. Hai la libertà di scegliere tra vivere e stare insieme alla realtà dei fatti presenti o offuscare la tua mente con i tuoi ricordi, i tuoi desideri o le tue paure.

Una pratica che può aiutare a capire come vivere a maggior contatto con il momento presente è, sicuramente, la meditazione e parlerò di questo ancora in seguito.

Concludo citando una frase presente in una canzone di John Lennon:

"La vita è ciò che ti succede
mentre sei impegnato
a fare altri progetti"

CHE COS'È LA CONSAPEVOLEZZA

Ti consiglio di memorizzare bene la seguente definizione: la consapevolezza (ovvero la presenza mentale) è la capacità di accorgersi che abbiamo distolto la nostra attenzione da qualcosa.

Grazie alla meditazione si può imparare gradualmente ad osservare più consapevolmente la realtà, le proprie emozioni ed i propri pensieri mentre sorgono, senza giudicarli e senza identificarci con essi. L'abitudine a vedere pensieri ed emozioni nel loro nascere e di lasciarli vagare finché non si allontanino spontaneamente, come viene insegnato nella meditazione, riesce a dare i suoi frutti nella vita di tutti i giorni, solo a condizione di non pretendere alcun risultato.

I benefici della meditazione sono delle conseguenze spontanee e non degli obiettivi da ricercare. Praticando la meditazione devi solo essere partecipe al momento presente, osservandolo per quello che è, senza farti distrarre troppo da altri pensieri, pur lasciandoli accadere.

ESERCIZIO DI PRESENZA MENTALE

Se ci fosse un altro termine, altrettanto breve, per indicare la meditazione sarei ben contento. Purtroppo, usando il termine meditazione, possono venire in mente santoni indiani con lunghe barbe bianche od ometti pelati vestiti di arancione; vengono in mente incensi, campanellini e persone un po' invasate che vanno dietro a mode new age. Se ci fosse un altro termine, altrettanto semplice, ti assicuro che lo userei ben volentieri. Purtroppo non c'è.

Tralasciando certi luoghi comuni, potresti pensare alla meditazione semplicemente come un esercizio di presenza mentale, ovvero un **allenamento** per il tuo cervello. Di questo ho parlato, anche, in un mio precedente libro intitolato "PERCHÉ VOGLIO IL MIO CERVELLO IN FORMA".

A questo punto, ti invito a fare qualcosa di concreto, provando un breve esercizio di meditazione: chiudiamo gli occhi, manteniamo una postura rilassata, con la schiena eretta ma non rigida.
Per 3 minuti portiamo semplicemente l'attenzione al respiro, al suo fluire dentro e fuori. Se appare qualche pensiero, lo notiamo senza diventare partecipi del suo contenuto e torniamo gentilmente al respiro, lasciando (non pretendendolo!) che lo stesso pensiero si dissolva spontaneamente.

Cosa è accaduto durante i 3 minuti? Quante volte la nostra mente si è distratta dal respiro?

Rivolgere la propria attenzione al respiro è la tecnica più "facile" e diffusa di meditazione. Riguardo il respiro, è interessante quanto è affermato da Osho in un suo libro intitolato "Cogli l'attimo".

Osho Rajneesh era un professore di filosofia che abbandonò la carriera accademica per girare il mondo come maestro spirituale. Egli scrisse che *"se riesci a essere padrone del tuo respiro diventerai padrone delle tue emozioni. Non puoi fare nulla che non sia profondamente collegato al respiro. Se non cerchi di comprendere e di usare il tuo sistema respiratorio, non potrai entrare in meditazione. Il respiro è il ponte che lega la tua parte cosciente con l'inconscio".*

RISULTATI SPONTANEI

Chi pratica la meditazione non deve desiderare di realizzare nulla, ma ottiene ugualmente di rinforzare la propria presenza mentale solo se è un risultato spontaneo. Osservare, lasciare che accada e "stare insieme" al proprio respiro permette di accorgersi che la mente vaga. Infatti, la meditazione non deve avere lo scopo di "sgomberare" la mente!

Anche se, talvolta, ciò può capitare, non si deve puntare a questo. I pensieri arrivano come le nuvole nel cielo; vederli e sentirli è positivo per questa pratica. La presenza mentale, favorita e rinforzata dalla meditazione, aiuta semplicemente a diventarne consapevoli, perché stai cercando di concentrarti su un oggetto (il respiro) e puoi, quindi, accorgerti di quando la mente si allontana da quell'oggetto. Il senso della meditazione è proprio questa consapevolezza!

Se ti accorgi che la mente vaga, significa che stai andando bene. Continua così, la mente continuerà a vagare, ma imparerai ad essere più paziente rispetto a questo, riuscendo anche ad non essere sopraffatto dai tuoi "film mentali" ed allontanato dal presente.

Una maggiore presenza mentale può aiutarci concretamente a vivere meglio. Io, con la mia pratica, ho sempre maggiori conferme di ciò, sentendomi meglio nelle mie attività quotidiane. Non è che si rivoluzioni la propria vita (mi raccomando, restiamo con i piedi per terra!), tuttavia ci si ritrova, quasi con sorpresa, ad apprezzarla di più.

Gradualmente ti accorgerai di star meglio e ti capiterà, anche, di chiederti cosa sia cambiato. Apparentemente nulla, ma ti sentirai bene!

EGOCENTRISMO

Ciò che può ostacolare maggiormente la pratica della meditazione è l'egocentrismo.

L'egocentrismo è l'atteggiamento di chi pone se stesso e la propria problematica al centro di ogni esperienza. La parola deriva dal termine greco ἐγώ (egò) che significa "io". Una persona egocentrica non possiede la cosiddetta "metacognizione", ovvero di capacità osservativa ed automodulante dei propri stessi processi cognitivi e non riesce a provare empatia con gli altri individui. Secondo alcune teorie psicologiche, il "linguaggio egocentrico" è tipico dei bambini dai tre ai sei anni. Purtroppo questo linguaggio si può ritrovare anche negli adulti, soprattutto in caso di stress prolungato o in situazioni di grande euforia.

Non posso nascondere il mio discreto egocentrismo, anche se non penso di essere un bruto egoista, dato che l'attenzione (un tantino eccessiva) che rivolgo al mio io è, sostanzialmente, un atteggiamento naturale che abbiamo un po' tutti.

Riconoscere il proprio egocentrismo non significa dichiarare di essere degli "stronzetti", presuntuosi e prepotenti. L'egocentrismo non esclude tante insicurezze e le seghe mentali che ognuno può avere. Usare degli schemi mentali che enfatizzano i propri limiti, per interpretare e relazionarsi con la realtà che ci circonda e con noi stessi, configura in ogni caso un atteggiamento egocentrico.

Tendiamo tutti ad essere egocentrici, tuttavia è innegabile che solo nel momento in cui si riesce a liberarsi del proprio egocentrismo si conquista uno stato di luminosa consapevolezza, rendendosi conto di non aver avuto attenzione per tutto il resto dell'esistenza. È come se, improvvisamente, si accendesse una intensa luce su ogni cosa.

Forse è questa esperienza dalla quale può aver avuto origine il termine di "illuminazione" nella cultura Buddhista.

Nel libro di Anthony De Mello (padre gesuita, scrittore e psicoterapeuta indiano), "Un minuto di Saggezza", si racconta di un maestro che seguitava a sfregare un mattone sul pavimento della stanza in cui il suo discepolo sedeva in meditazione. Dapprima il discepolo ne fu contento, prendendola come una prova della sua forza di concentrazione. Ma quando il suono divenne insopportabile, proruppe: «*Che diamine stai facendo? Non vedi che sto meditando?*». «*Sto levigando questo mattone per farne uno specchio*», rispose il maestro. «*Sei pazzo! Come puoi ricavare uno specchio da un mattone?*». «*Non più pazzo di te! Come puoi ricavare uno che medita da un egocentrico?*».

Egocentrismo significa essere chiusi in se stessi e guardare la realtà solo attraverso i nostri schemi mentali. È per questo motivo lo stesso De Mello afferma che se si osserva la luna, l'innamorato può vedere il viso della propria amata e l'affamato vede una forma di formaggio, anziché vedere semplicemente la luna.

Leggere alcuni libri di Anthony De Mello mi ha fatto riflettere molto sul tema dell'egocentrismo e mi ha insegnato molte cose che provo a mettere in pratica. Se ci ostiniamo a guardare il mondo solo tramite i nostri pensieri ed i nostri giudizi non riusciremo mai a vedere la realtà per quello che è. Riuscire ad essere osservatori non giudicanti è la vera sfida della presenza mentale. Riuscire ad ascoltare il rumore del mattone, sfregato sul pavimento, semplicemente perché c'è e senza pensare a cosa significa per "me" è vera meditazione. De Mello esorta ad osservare la realtà per quello che è, senza identificarla con i propri pensieri, i propri desideri e le proprie emozioni, senza piombare in uno stato di dipendenza.

L'egocentrismo è la radice di ogni nostro desiderio. Sebbene desiderare qualcosa è assolutamente naturale e non si tratta di dover rinunciare a cose come la famiglia, il lavoro, i soldi, la salute, Anthony De Mello fa una brillante osservazione: *"non partire dall'idea che tu non possa essere felice senza quello che desideri. Se fosse possibile, ti starebbe bene?"*

Hai davvero bisogno di questo o quello? Ad esempio, sei proprio sicuro di aver bisogno che qualcuno ti ami? Non c'è da ammettere, invece, che tu vuoi essere amato, o amata (o semplicemente "apprezzato/a"), per un solo motivo: vuoi essere felice.

Se hai bisogno di qualcuno non puoi amarlo, ma solamente usarlo perché ti dia quel che desideri. Se ti aspetti che siano gli altri a cambiare la tua vita, allora avrai bisogno di loro e questo ti porterà a dipendere da queste persone. In realtà, non abbiamo bisogno di essere amati (accettati o apprezzati), ma di amare. L'amore nasce dalla libertà dai propri schemi mentali e l'unica cosa davvero necessaria è amare. Questo è il segreto per essere felici. In realtà non ci serve altro.

Si può amare la realtà osservandola per quello che è, semplicemente come se ci affacciassimo alla finestra. Si può amare, allo stesso modo, qualsiasi persona e si può amare se stessi osservandosi per quello che siamo, semplicemente come se ci osservassimo allo specchio. E quando arrivano i nostri film mentali, osserviamoli pure, ma con la consapevolezza che sono una storiella aggiunta dal nostro ego. La realtà è ben altro ed è più semplice.

Consiglio vivamente a tutti di leggere un bellissimo libro di Anthony De Mello, intitolato "Messaggio per un'Aquila che si crede un Pollo", dove spiega benissimo quanto sia importante non subire gli schemi mentali ed i condizionamenti che altri ci hanno imposto e che ci impongono in continuazione, senza contare gli schemi mentali (alias pregiudizi e "seghe mentali" varie) che noi stessi abbiamo creato. Riconoscendoli e scegliendo, invece, di osservare la realtà con una maggiore presenza mentale riusciremo a volare in alto come un'aquila, anziché restare a terra come i polli.

Oltre alle meravigliose parole di Anthony De Mello, esiste tutta una tradizione culturale che ci può aiutare a comprendere la natura del nostro egocentrismo. Consideriamo, ad esempio, un'altra storiella: un tempo, un filosofo si recò da un maestro zen e disse: *"Sono venuto a informarmi sullo Zen, su quali siano i suoi principi ed i suoi scopi"*.

"Posso offrirti una tazza di tè?" gli domandò il maestro. E incominciò a versare il tè da una teiera. Quando la tazza fu colma, il maestro continuò a versare il liquido, che traboccò.

"Ma che cosa fai?" sbottò il filosofo. *"Non vedi che la tazza é piena?"*

"Come questa tazza" disse il maestro *"anche la tua mente è troppo piena di opinioni e di congetture perché le si possa versare dentro qualcos'altro. **Come posso spiegarti lo Zen, se prima non vuoti la tua tazza?"***

NON DIMENTICARLO MAI

Anche se non smetterai mai di sentirti triste per il tuo passato o di angosciarti per il tuo futuro, anche se tutto ciò può avere una sua ragione o tutto potrà, anche, servire a qualcosa, non ti illudere. Tu puoi essere SOLO ciò che sei, in ogni singolo istante della tua vita.

La perfezione è già in ciò che sei ed in ciò che c'è nell'istante presente.

BASTA SEGUIRE IL FLUSSO

Non dannarti l'anima se incontri mille ostacoli lungo il tuo cammino. Non infuriarti se qualcuno ti ostacola proprio quando stai per realizzare qualcosa d'importante. Interrompi pure quello che stavi facendo e dedica attenzione a chi ti ha ostacolato. Offri il tuo aiuto.

Fidati del flusso!

Chi ti ostacola, proprio grazie al tuo aiuto, alla fine proseguirà la sua strada e tu riprenderai il tuo cammino. Non potrai fare a meno di seguire il tuo flusso, niente e nessuno potrà ostacolarti. È solo questione di tempo.

Fidati del flusso, assecondalo, non opporre alcuna resistenza. Vivere è come governare una canoa e se resisti al turbinio del fiume della vita, rischi solo di ribaltarti ed affondare. Fidati del flusso, assecondalo, non opporre alcuna resistenza. Non preoccuparti della meta , non potrai fare a meno di seguire la tua direzione.

ACCETTARE NON SIGNIFICA SOPPORTARE

Pare che Albert Einstein abbia detto: *"Non puoi risolvere un problema con lo stesso tipo di pensiero che hai usato per crearlo"*.

Non so se sia stato veramente Einstein l'autore di questa frase e chissà poi, cosa avesse voluto realmente dire; ma io la uso per come mi "conviene".

Quando vuoi risolvere un problema, può essere utile fare un cambio di mentalità. Puoi iniziare a pensare in maniera diversa rispetto al modo di pensare che è responsabile dello stesso problema. Tuttavia, cambiare modo di pensare è tutt'altro che semplice perché devi abbandonare dei punti di vista che magari non ti aiutano a risolvere il problema, ma che ugualmente ti vengono "spontanei". Ma, con un po' d'impegno, potresti scoprire che ci sono alcuni punti di vista che, sebbene "universali", una volta mollati faranno una gran bella differenza nella tua vita.

Probabilmente c'è da "arrendersi" al fatto che se non vuoi rinunciare ad una prospettiva con la quale hai sempre guardato le cose, non puoi pretendere di cambiare le stesse cose. Dipende da te: scegli pure liberamente!

Ora, probabilmente, starai pensando: "ma di cosa si sta parlando?" – "perché tutto questo preambolo?" – "dove vuole arrivare?".

Hai ragione! Ora ti dico di cosa voglio parlare:

LA SOFFERENZA

Il tema è: perché soffriamo?

La risposta più ovvia potrebbe essere che si soffre quando accade qualcosa di doloroso.

Schematizzando: **DOLORE ➡ SOFFERENZA**

Già adesso puoi cominciare ad intuire che c'è un primo equivoco in quello che generalmente si pensa. Infatti, di solito, dolore e sofferenza vengono considerati sinonimi della stessa condizione. In realtà, prima succede qualcosa di doloroso e poi si soffre (nel senso che la sofferenza si potrebbe considerare conseguenza del dolore).

Fin qui dovrebbe essere tutto abbastanza chiaro. E se, invece, le cose non stessero così? E se la sofferenza dipendesse da un "errore" di percezione?

Non intendo dire che chi soffre sbaglia colpevolmente e non intendo dire che sia una condizione ingiustificata. Voglio solo dire che la nostra stessa natura ci può indurre a vedere delle cose che possono essere anche vere, ma che non necessariamente corrispondono alla verità.

Riconsideriamo meglio la questione. Cosa accade quando ci rapportiamo con una situazione dolorosa? Abbiamo paura!

Abbiamo paura del passato quando ci rapportiamo con una situazione già vissuta prima, temendo che si ripeta, oppure abbiamo paura del futuro perché temiamo che una situazione dolorosa possa continuare (o addirittura peggiorare).

La sofferenza è una naturale risposta che abbiamo a disposizione in rapporto a qualsiasi situazione dolorosa. Ma il fatto è che, probabilmente, non è l'unica!

Se tu fossi sicuro che un dolore, presente in un certo momento, non durerà, non peggiorerà o non si ripeterà, soffriresti così tanto? Se un dolore attuale fosse così intenso da non consentirti neppure di pensare ad altro, avresti tempo per soffrire?

Mi spiego meglio: se vuoi attaccare un quadro alla parete e ti dai una gran martellata sul pollice, cosa accade in quel preciso momento? Senti un male BOIA e basta! La sofferenza arriverà, ma solo un attimo dopo, quando cominci a percepire che il dolore non smette subito. A quel punto cosa fai?

Soffri, perché ti accorgi che il dolore non vuol smettere subito di esistere e cominci a desiderare, senza ottenerlo, che il dolore cessi immediatamente, ovvero tenti di rifiutare il dolore. È normale!

Quindi il meccanismo è il seguente:

DOLORE ➡ **PAURA** ➡ **RIFIUTO** ➡ **SOFFERENZA**

Pertanto il vero problema è la paura che il dolore continui, peggiori o si ripeta. Quindi tu credi di rifiutare il dolore, ma in realtà stai rifiutando la paura.

E di cosa hai paura? Del dolore, certo. Ma non solo! Cosa c'è di negativo nel dolore? È un cambiamento: prima possedevi una bella condizione di benessere ed ora possiedi una condizione di malessere.

Ma le cose stanno solo così? Anche se puoi dire "STO male" il vero problema è che tu pensi che "HAI male", ovvero pensi che il dolore ti appartenga, che sia TUO.

Tutto ciò accade solo perché non ci arrendiamo ad una semplice verità: NULLA CI APPARTIENE, nemmeno la nostra vita. Tutto ciò che giunge nella nostra vita e tutto ciò che pensiamo di essere è solo una realtà transitoria. Noi, invece, ci attacchiamo a tutte le cose che ci passano per le mani, considerandole nostre proprietà: beni materiali ed emotivi.

Ci illudiamo che ogni cosa che siamo, in ogni singolo momento, ci appartenga. Sto bene e voglio continuare a stare bene. Sono tranquillo e voglio continuare a stare tranquillo.

Non accettiamo la realtà della vita che è CAMBIAMENTO. La nostra consapevolezza, ovvero ciò che ci distingue dagli esseri inanimati, sa di esistere, sente di essere immutabile, ma crede di "vedere" la sua stessa immutabilità nella realtà fenomenologica che, invece, è continuamente mutevole.

La consapevolezza, ovvero il Sé, confonde il soggetto con il complemento oggetto e tenta, disperatamente, di non perdere ogni cosa alla quale assiste proprio perché crede (si illude) che ciò a cui assiste dia un'identità a se stessa. Pertanto non può fare a meno di attaccarsi ad ogni cosa, bella o brutta che sia, piacevole o spiacevole che sia. E così facendo il Sé si tramuta in Ego.

La fregatura sta proprio in questo naturalissimo attaccamento: più attaccamento equivale a più paura e più paura porta a più attaccamento. È come un cane che si morde la coda e succede per tutta la vita. Hai paura di qualcosa che credi di possedere, proprio perché non puoi fare a meno di tenere stretto quel qualcosa che ti illudi che sia necessario per esistere, anche se è il dolore.

Tu mi dirai: "ma la martellata sul pollice non è un'illusione e col cavolo che la tengo stretta!"

Certamente, il dolore c'è, non lo può negare nessuno. Ma non ti appartiene, TU NON SEI quel dolore, tu sei solo testimone del dolore, nel senso che la tua consapevolezza, ovvero il Sé immutabile, la tua vera natura è altro dallo stesso dolore, pur percependolo e non corrisponde all'Ego che, invece, esiste in funzione di tutto ciò che teme di perdere.

Se si colpisce un cane con un bastone, quella povera bestia proverà dolore e potrà anche fuggire da chi la vuol picchiare. Ma se non rivede il bastone, quando smetterà di sentir male, il cane non starà a lagnarsi della "sofferenza" perché non avrà alcun bisogno di attaccarsi all'idea del dolore per esistere, in quanto non ha un Sé, non ha una consapevolezza immutabile di sé stesso. Il cane vive solo il momento, sente il dolore solo quando c'è il dolore e basta.

Noi uomini, invece, oltre che sentire il dolore siamo costretti, dalla nostra stessa natura, ad attaccarci all'idea dello stesso dolore, perché il nostro Sé cade continuamente in un tragico tranello, tentando disperatamente di assumere una forma che non potrà mai avere e, così facendo, si tramuta nell'Ego che non può far a meno di attaccarsi ad ogni cosa per esistere.

Quindi la sofferenza nasce dall'Ego, nasce dall'attaccamento, nasce dalla paura di perdere anche quello stesso dolore che crediamo ci dia un'identità. Abbandonare questa visione è difficile, forse anche impossibile. Riuscirci corrisponderebbe all'illuminazione del Buddha. Tuttavia, il fatto che riusciamo a vedere le cose solo in un certo modo, non significa che ciò sia la verità.

Quindi, almeno, ammettiamo che se riuscissimo a percepire come il dolore non ci appartiene, potremmo lasciare che esso accada per tutto il tempo che dovrà essere, pur provando immenso disagio per questo (come lo sente il cane, quando è bastonato), senza però rifiutare l'idea della sua esistenza, accettandola, consentendole semplicemente di esistere nella nostra mente, pur non rassegnandosi a sopportare il dolore come fenomeno, pur senza rinunciare a qualsiasi cosa possa farlo cessare. Accettare non significa sopportare, non significa subire, sarebbe un attaccarsi ad un'altra idea illusoria.

Il cane non ha tutti questi problemi, mica è scemo! Non si attacca ad alcuna idea, lui lo può fare. Per noi esseri umani è molto più difficile. Ammettiamolo, noi non possiamo non soffrire, ma possiamo accettarlo.

Prima fai pace con la tua angoscia.
Poi occupati delle sue cause.

SE QUALCOSA NON TI PIACE, LASCIA CHE ACCADA

Se c'è un pensiero che ti impedisce di fare qualcosa di veramente importante, un pensiero che non ti piace, che ti fa soffrire, non cercare di cancellarlo, non fare nulla, lascia che accada. Se cominci a fare qualsiasi altra cosa per "spegnere" quel pensiero, questa "azione" non sarà mossa dai tuoi VALORI, bensì dal nevrotico desiderio di soffocare quel pensiero sgradevole e ciò ti distrarrà dall'azione veramente UTILE che potrebbe essere motivata da un tuo Valore.

Potrai tentare tutto ciò che serve per "risolvere" quel pensiero, tuttavia, presto il pensiero tornerà e sarà rafforzato proprio dal tuo tentativo di eliminarlo e tu avrai solo perso tempo, rimandando ciò che è veramente UTILE e mosso dai tuoi VALORI più sinceri e profondi.

AGISCI ORA, inizia a fare il primo PICCOLO passo del tuo cammino, per come ti guidano i tuoi Valori e lascia che i pensieri accadano. Non cadere nel tranello di volerli soffocare con qualsiasi altra azione, anche apparentemente saggia, come distrarti, studiare o meditare per ottenere la liberazione dai tuoi pensieri. Non tentare di "curare" la tua sofferenza, ma prenditi cura della tua persona (anche per la salute è utile maggiore consapevolezza). Non dedicarti ad "ottenere", dedicati ad ESSERE!

COME RICONOSCERE I PROPRI VALORI PIÙ SINCERI

Aver cominciato ad interessarmi ad un approccio psicoterapeutico, cognitivo comportamentale, come l'Acceptance and commitment therapy (ACT), mi ha permesso di comprendere meglio cosa sono i Valori. Questi sono importanti perché danno motivazione e orientamento alla nostra azione anche quando le cose vanno male, anche quando abbiamo delle risposte sgradevoli o negative dall'ambiente che ci circonda. I Valori corrispondono al per cosa si vorrebbe essere ricordati dalle persone care; a **cosa conferisce senso alla vita;** per cosa vogliamo vivere anche di fronte alle crisi e nelle situazioni difficili. Per chiarire il concetto di "valore" faccio riferimento a quanto ho letto nel sito (http://www.psicologomarra.it/) dello psicologo Alessandro Marra.

I valori rappresentano lo spirito con il quale vogliamo comportarci, non quello che vogliamo ottenere. I Valori sono **QUALITÀ** del nostro agire, ovvero come vogliamo portare avanti le nostre attività. Il più delle volte, quindi, sono corrispondenti a degli "aggettivi" che qualificano le stesse attività.

Devono essere **GLOBALI**, ovvero sono "attitudini" indipendenti dal contesto e dall'attività in cui vengono esercitati, indipendenti dal ruolo assunto. Un dato valore può essere di fatto agito con molti comportamenti diversi, in tanti ambiti diversi. Un ruolo, per quanto importante, di per sé, non è un valore. Le qualità con cui connotiamo un dato ruolo è, in realtà, l'essenza del valore. Per esempio essere un padre premuroso, fa riferimento ad una qualità, la premurosità, trasversale a tanti comportamenti ed azioni che costituiscono il ruolo di padre. Ovviamente la premurosità, in quanto valore, trascende anche i ruoli; si può essere un marito premuroso, un amico premuroso, un collega premuroso o un manager premuroso.

I Valori devono essere **DESIDERATI** e questa, probabilmente, è la loro caratteristica più interessante. I valori scaturiscono spontaneamente da ciò che è sinceramente importante per noi ed indipendentemente da ogni approvazione esterna. Sono scelti consapevolmente ed autonomamente e, quindi, non riguardano ciò che si dovrebbe fare o che è imposto per convenzione o compiacimento. Per quanto un valore può corrispondere al per cosa si vorrebbe essere ricordati da persone care, tuttavia esso rimarrebbe tale anche in assenza di qualcuno che desse la sua approvazione. Ciò si correla al fatto che un valore **non va giustificato**; è come il nostro gusto preferito di gelato.

I valori sono **CONTINUATIVI**, ovvero sono processi che non giungono mai a nessun fine; i valori non vengono mai raggiunti, sono la direzione da percorrere; questo elemento serve a distinguere i valori dagli obiettivi.

Una riflessione particolare va fatta per i desideri affettivi, per esempio essere felice, sereno. Anche questi non sono dei valori. Infatti l'essere felice non rimanda alla qualità di azioni continuative. Se una persona dice che ha come valore la felicità, lo si potrebbe far riflettere chiedendogli: "con quale qualità, caratteristica personale, del tuo agire continuativo, aumenti le probabilità di essere felice?" Rispondendo a questa domanda si suscitano i veri valori collegati alla felicità. Tutti gli stati affettivi indotti dagli altri non sono valori perché riguardano l'azione di altre persone, riguardano ciò che ricevi, quello che ti viene dato non quello che fai, non quello che provi in modo attivo. I valori riguardano quello che vogliamo "essere" non quello che vogliamo ottenere.

NON NUOTARE, GALLEGGIA

Segui il flusso, non fare nulla, non occuparti degli obiettivi, la Vita è un magnifico viaggio senza meta. I tuoi Valori ti sosterranno e tu non dovrai (e non potrai) fare niente per cambiare ciò che accade in ogni istante. Se ti affannerai, solo per realizzare degli obiettivi, ti stancherai inutilmente. Solo i TUOI VALORI contano qualcosa ed essi daranno un senso alla Vita ed indirizzeranno il tuo cammino.

Cerca nel profondo del tuo essere quali sono i tuoi Valori più sinceri e non limitarti a far contento qualcuno o, peggio ancora, a seguire ciecamente solo le regole sociali. Affidati ai tuoi Valori più sinceri e non fare null'altro. Fidati della Vita.

NON HAI MAI TEMPO? RALLENTA!

Il Mahatma Gandhi disse: "voi occidentali avete l'ora, ma non avete mai il tempo".

Caspita! Aveva perfettamente ragione. Se la nostra mente è piena di futuro, non possiamo avere tempo per il presente. Solo se ti rassegni a rallentare così tanto da fermarti nel presente, ti accorgerai che il tuo tempo si dilata e diventa così AMPIO, da essere più che sufficiente per tutto ciò che sta accadendo ORA!

LA MENTE EGOICA È COME UN BAMBINO IRREQUIETO

Ad essere del tutto sinceri, possiamo dire che la Mente (i pensieri e le emozioni) e l'Ego coincidono e, pertanto, si può parlare di Mente Egoica.
Essa, spesso, è come un bambino irrequieto, sta a parlare, strillare, piangere e brontolare di continuo oppure a ridere, saltare o giocherellare rumorosamente. Ti disturba in ogni momento, come se volesse farti dimenticare che esisti anche tu.

La Mente Egoica si crede il centro dell'universo, la realtà più importante di qualsiasi altra cosa. Non tollera alcun concorrente e vuol essere sempre al centro dell'attenzione; della tua attenzione. Non riuscirai mai a zittire la tua Mente Egoica, semplicemente perché ti appartiene e non fa altro che essere ciò per cui esiste nella normalissima natura umana.

Quindi, lasciale pure fare quel che vuole, lascia che continui anche a disturbarti ma, allo stesso tempo, non cadere nel suo tranello. Non dimenticare che tu esisti anche come Testimone e che questa è la tua natura realmente immutabile, la tua natura come "sé osservante". Sei capace di essere Testimone di tutto grazie ad un processo psicologico che ti consente di essere osservatore anche dei tuoi contenuti mentali. Puoi immaginare che il tuo sé osservante sia come il cielo. Tutti i tuoi contenuti mentali, le tue percezioni, le tue emozioni, i tuoi ricordi ed i tuoi timori, sono come il tempo meteorologico. Il tempo cambia sempre, ma per quanto brutto, opprimente o minaccioso possa diventare non può ferire il cielo in alcun modo. Il cielo ha spazio per tutti i fenomeni atmosferici che, per loro natura, sono mutevoli ed impermanenti. Il cielo, invece, non cambia mai anche se qualche volta ci sono così tante nuvole che ci si può scordare che il cielo è ancora lì. Ma, basta sollevarsi abbastanza, al di sopra delle nuvole, e il cielo appare limpido, sereno onnicomprensivo, senza confini.

Lascia pure che la tua Mente Egoica continui a disturbarti e che continui a voler attirare la tua attenzione, anche con le sue emozioni, le sue paure e con i suoi giudizi. Ciò non può impedirti, comunque, di essere Testimone di tutto. Ci riuscirai quando smetterai di identificarti solo con la tua Mente Egoica, quando comincerai ad osservarla semplicemente, guardando anche tutto il resto che c'è intorno. Osserva la realtà semplicemente per quel che è, senza considerare come la vuole "raccontare" la tua Mente Egoica.

Sii Testimone e non fare altro; la tua Mente Egoica non smetterà di definire ogni cosa, di giudicare, di confrontare, di volerti convincere che la realtà è quella che lei ti descrive. Lascia che continui a disturbarti, ma non farti "infinocchiare" e continua ad essere semplicemente Testimone, osserva e basta. Puoi accedere a quella parte di te che corrisponde al posto sicuro dal quale poter osservare e fare spazio ai pensieri ed ai sentimenti difficili. Puoi imparare a farlo. Ciò che percepisci, semplicemente, è la realtà e non c'è alcun bisogno che la tua Mente Egoica le dia un nome. Ogni cosa esiste anche senza un nome, senza un pensiero, senza un giudizio, senza un'emozione. Non cercare di zittire la tua Mente Egoica, tanto non ci riuscirai mai, ma sii testimone anche di essa. La tua Mente Egoica è il bambino irrequieto che è in te. Ha bisogno della tua attenzione, ha bisogno di essere accettato ed amato, come un figlio. Ascoltalo e non giudicarlo, ha solo bisogno di affetto. Tu sei, anche, quel bambino ed hai solo bisogno di qualcuno che ti voglia veramente bene e quel qualcuno sei, prima di tutto, Tu.

Sii Testimone di tutto ciò!

IL CONFLITTO È INUTILE

Solo quando non sentirai più il bisogno di competere, avrai già vinto. Solo quando non vorrai più dimostrare di aver ragione, nessuno potrà dire che hai torto. Solo quando non ti interesserà più vincere, non sarai più sconfitto.

AUGURIO

Che tu possa avere la Serenità di lasciar accadere le cose che non puoi cambiare, il Coraggio per cambiare quelle che puoi e la Saggezza per distinguere le une dalle altre.

Solo per adesso, acquieta il tuo ego, non preoccuparti. Apprezza solo la vita per quel che è, con impegno e compassione.

Concedi a questo momento la possibilità di essere il migliore della tua vita, perché ogni momento è sempre il migliore, fino alla fine, fino a quando arriverà il tuo ultimo momento migliore.

LA FELICITÀ NON ESISTE

Nella tradizione orientale si dice che "non esiste nessuna strada per la felicità. La felicità è la strada".

Se cerchi la felicità ti dovrai rassegnare a non trovarla mai, perché è solo una parola che distoglie la nostra attenzione dalla vita. Puoi continuare a desiderare altro o scegliere di essere felice senza null'altro.

Ovviamente ci vorrà coraggio, ma la decisione è solo tua.

AVERE SUCCESSO È FACILISSIMO

Se vivi per i tuoi Obiettivi, prima o poi fallirai. Se vivi per i tuoi Valori, non potrai mai fallire.
Se vuoi capire per cosa stai vivendo, fermati, fai un bel respiro e chiediti: mi sento veramente Sereno e Soddisfatto della mia vita, ADESSO?

LA VITA È COME IL RESPIRO

Talvolta puoi anche decidere di respirare più forte, talvolta puoi cercare di respirare più piano, ma di solito il respiro, semplicemente, accade. Poi, ad un certo punto...
si fermerà!

SIAMO SEMPRE IN DUE

Siamo sempre in due, io ed ego, questa è la natura umana.

"Io" è il Sé che semplicemente osserva, che è soltanto testimone di sé stesso, della propria esistenza ed anche di tutto ciò che accade intorno, di tutto ciò che è altro da sé.

"Ego" è il Sé che pensa, che mette etichette a tutto, che definisce, che giudica, che ha paura di perdere tutto, che vuole imprigionare la propria esistenza in immutabili parole, che vuole conoscersi attraverso di esse. L'Ego parla in continuazione all'Io, facendogli credere di essere la stessa persona.

La natura umana è fatta così, non è un errore, è la semplice verità dei fatti.

E quando due persone si incontrano e parlano tra di loro, in realtà sono in quattro: i due sé che osservano e due sé che pensano.

Io e Te, il mio Ego ed il Tuo.

Cos'è più importante?

È importante ciò che accade tra Te e Me o ciò che i nostri rispettivi Ego hanno da dire?

SE NON TI CONFRONTI, L'ALTRO NON È UN PROBLEMA

Il "problema" non è l'altro col quale ti confronti, il problema è che pensi che tu sia un "io" da confrontare con l'altro.

Quando smetterai di credere all'esistenza del tuo "io", smetterai di angosciarti solo per confrontarti con l'altro. Scoprirai che esiste ogni cosa e non avrà più senso alcun confronto, percependo che è del tutto illusorio. Esisterà solo la vita del tuo "io" e scoprirai che prima ti preoccupavi solo del tuo Ego, col suo inutile bisogno di "definirsi" attraverso l'altro.

Capirai che non esiste nessun confronto tra il sole e la luna, entrambi brillano quando è il loro momento. Non si è mai realmente migliori o peggiori di altri, perché la pura verità è che si vive sempre insieme, gli uni con gli altri, distinti in un tutt'uno universale.

Di solito siamo incapaci di sperimentare questo modo d'essere; è una semplice, ma non facile questione di resa alla realtà. La pazienza ci può essere d'aiuto, tanto le cose che devono accadere prima o poi succedono.

QUI ED ORA

Non cercare la bellezza in ciò che vorresti, guarda il meraviglioso in ciò che c'è. Hai solo ogni momento della tua vita per accorgetene, il momento di ogni tuo respiro.

COS'È IL TEMPO

Quando si sente parlare del "qui ed ora" si pensa ai monaci buddisti. Pensiamo che questo concetto appartenga tipicamente alla cultura orientale ed a noi sembra privo di reale valore. Noi occidentali siamo tanto affezionati all'idea del tempo, rivolgendo maggiormente la nostra attenzione al passato e soprattutto al futuro, interessandoci poco del presente.

Al massimo, c'è chi afferma di "vivere alla giornata" (misera affermazione!).

Non riusciamo a mollare la presa da tutto ciò. Ci piace pensare, con orgoglio, che il passato è importantissimo perché è la culla dell'esperienza e di tutta la nostra conoscenza e che il futuro è l'orizzonte a cui guardare per il nostro continuo miglioramento.

OK, tutto bello, ma...

Sai cosa disse Sant'Agostino? (si proprio lui, mica un monaco buddista)

"Il tempo non esiste, è solo una dimensione dell'anima. Il passato non esiste in quanto non è più, il futuro non esiste in quanto deve ancora essere ed il presente è solo un istante inesistente di separazione tra il passato ed il futuro".

Cavolo!

Se, quindi, ci limitassimo ad interessarci solo al "qui ed ora", forse già ci concederemmo tanto.

ZAZEN

Qualche tempo fa ho scritto un libro, intitolato "PERCHÉ VOGLIO IL MIO CERVELLO IN FORMA".

In quel libro spiegavo che, così come possiamo migliorare la nostra forma fisica o modellare i nostri muscoli attraverso esercizi fisici regolari, possiamo anche sviluppare uno stato di maggiore benessere mentale con un altro tipo di "allenamento" che sostanzialmente coincide con la meditazione. Il mio intento era quello di spiegare come praticare questo fitness cerebrale, ma non mi limitavo a parlare di meditazione, in quanto descrivevo anche come possa essere utile la pratica di un'arte marziale come l'Aikido, come sia vantaggioso mangiare o anche solo camminare in modo più consapevole e come si possano migliorare i propri rapporti interpersonali. Parlavo di salute e di malattia, di compassione, di auto-compassione e di autostima.

Per come la vedevo io, avevo scritto un gran CAPOLAVORO!

Peccato che, di quel libro, una copia l'ho comprata io per lasciarla in "eredità" a mia figlia (alla quale, in cuor mio, dedicavo il libro), un paio di copie le ho comprate, sempre io, per regalarle ed una sola copia è stata acquistata da un'altra mia conoscente.

Insomma, è stato un clamoroso FIASCO!

Tu mi dirai: "perché, questo secondo libro che hai scritto ti sembra migliore? Quante copie ti illudi di vendere?"

A parte la solita copia che comprerò io stesso, per tenerla nella mia libreria, spero che questa mia seconda "esperienza letteraria" possa suscitare anche un certo interesse da parte di qualche persona in più.

Il mio primo libro era STUPENDO, con tante belle immagini a colori, stampato su carta di qualità e...

costava un sacco di soldi!

Col cavolo che qualcuno avrebbe speso tanto per comprarlo (a parte quell'unica anima pia che lo fece e che resterà sempre nel mio cuore).

Adesso ho riprovato a scrivere qualcosa, ma senza nessuna fotografia o anche solo un disegnino e spero che la qualità della carta, sulla quale sarà stampato, riuscirà a reggere per tutto il tempo necessario per leggere lo stesso libro.

Ho fatto di tutto per poterlo stampare ad un prezzo più "popolare" e speriamo che sia bastato per venderne qualche copia in più.

Col mio primo libro, sostanzialmente, avevo voluto offrire un compendio sulla mindfulness, ovvero la versione "far west" della meditazione.

Un tizio, di nome Jon Kabat-Zinn, illustre biologo e scrittore statunitense, Professore Emerito di Medicina e fondatore della Stress Reduction Clinic e del Center for Mindfulness in Medicine, Health Care and Society presso la University of Massachusetts Medical School, è stato l'ideatore della Mindfulness, disciplina che ha il proposito di aiutare le persone a fronteggiare stress, ansia, sofferenza, malattia ed a migliorare le proprie condizioni psico-fisiche.

Qualche anno fa, mi sono ritrovato ad interessarmi a questa "roba" che, pian pianino, è diventata un interesse centrale della mia vita.

Quando scrissi il mio primo libro, lo feci con sincero entusiasmo e ti assicuro che ero riuscito a fare un buon lavoro (se hai 30-40 euro da spendere, compralo pure, non te ne pentirai! Cercalo su internet, è in vendita solo online).

Poi, continuando la mia esperienza meditativa, sono riuscito anche a fare un corso per diventare istruttore certificato di Mindfulness.

Ma, a poco a poco, mi sono sempre più accostato a ciò che, attualmente, è un importante percorso che sto compiendo.

La meditazione dei monaci buddisti Zen, ovvero:

Zazen

坐 禅

E di questo ti parlerò nei prossimi capitoli.

ZEN, IN PRATICA, È SOLO ZAZEN

Lo Zen non è una filosofia né una religione, ma un'esperienza, un modo di essere, un'arte di vivere. Quindi non ti preoccupare, non ti sto allontanando dalla tua fede, qualunque essa sia.

Nello Zen non c'è nulla di misterioso o di complicato. La sua pratica è molto semplice e consiste, sostanzialmente, solo nello Zazen, ovvero sedersi ed imparare ad abbandonare il proprio piccolo Ego, trovando un modo d'essere in armonia con la nostra vera natura.

Fare Zazen significa, semplicemente, respirare e tendere con tutta la propria vitalità alla giusta posizione di Zazen; ciò che conta è tendere con la propria attenzione e non con i pensieri.

È rendersi conto che il nostro Ego è illusorio e che esiste solo il fluire di una perenne trasformazione; esiste solo il particolare scopo di ogni singolo istante e non decidi tu quale sia, puoi solo osservarlo. La vera disciplina "Zen" inizia solo nel momento in cui l'individuo ha del tutto cessato di "tentare" di migliorarsi e riconosce che un albero non è un seme migliorato.

Zazen è semplicemente mantenere naturalmente dritta la schiena, diventando partecipi di una "non dimensione" che contiene tutte le dimensioni dell'esistenza.

Nello Zazen c'è già tutto e trovi quando non cerchi. Zazen non è come guardare la realtà alla finestra, perché Zazen significa essere COME la finestra.

COME FARE ZAZEN

Il miglior modo per fare Zazen, è fare Zazen.

Sii disponibile a ciò che accade, in ogni singolo istante, come se ascoltassi le parole di una persona cara, con pieno ed amorevole Interesse.

Sii Testimone, con cuore veramente aperto, senza anticipare ciò che la realtà vuole dirti, senza imporre le tue opinioni, senza tradire la tua disponibilità all'ascolto.

Lo Zazen ti farà comprendere che i pensieri sono solo una parte della nostra realtà, ma non sono la nostra realtà. Nel presente, semplicemente, non c'è tempo per pensare; se pensi, semplicemente, non sei nel presente.

LA COSA BELLA DELLO ZEN

Come ho già detto in un precedente capitolo, la cosa bella dello Zen e di tutto il buddhismo in genere, è che, ad un certo punto, ti rendi conto di tutte le sciocchezze che cercavi nello Zen.

Ciò accade quando si intuisce che l'Attimo Presente è l'unica realtà; non può contenere pensiero, non può contenere parole, non può contenere nulla, perché non ha spazio, non ha durata. Può essere solo VUOTO, ma contiene tutta l'Esistenza, tutto ciò che è "Qui ed Ora". È la Vacuità.

Tutto è in perenne trasformazione e nel Vuoto di ogni istante presente non c'è nulla che resta immutato ed identico a se stesso. Il prima, già non esiste più e solo la Mente si illude che la realtà sia trattenuta nell'idea di ciò che non esiste più.

La memoria è una realtà nel presente della nostra mente, ma non coincide e non trattiene la realtà della vera Esistenza. Non c'è idea che possa esprimere il flusso della perenne trasformazione. Anche l'idea del nostro io, ovvero il nostro Ego è un'illusione della nostra Mente.

Legarci alle idee significa distaccarci dalla realtà; tuttavia, non si tratterà di rinunciare all'attaccamento, quando intuiremo che, in realtà, noi NON POSSIAMO attaccarci a nulla. L'attaccamento è solo un'illusione della Mente. L'attaccamento e l'idea del nostro io stanno alla base del nostro ingenuo Egocentrismo. La nostra natura ci induce a riferire tutto al nostro Ego, sia ciò che ci piace, sia ciò che ci fa soffrire. In realtà, non ci appartiene nulla, perché nulla di ciò che viviamo, ogni istante, resta nell'istante successivo.

Ovviamente, anche l'attaccamento e l'egocentrismo non vanno condannati, perché sono delle propensioni naturali dell'uomo, seppur ci distraggono dalla realtà del Presente e ci fanno soffrire. Una lotta contro di essi è solo un'ulteriore illusione della nostra mente; è un attaccarci alla loro idea. La nostra natura è fatta anche di tali atteggiamenti.

Zazen fa intuire tutto ciò, ma solo quando ci si libera dall'idea di Zazen e si percepisce solo ciò che accade in ogni singolo istante, a cominciare da ogni istante che compone ogni singolo respiro, ogni istante che compone ogni singola sensazione del corpo, ogni istante che compone ogni singolo pensiero che emerge, accogliendo tutto, semplicemente perché doveva accadere, senza ego, senza attaccamento.

Così Zazen accade, in ogni singolo istante del presente, nel Vuoto della vera Realtà. Nel Presente c'è tutto quello che ci serve Ora. Il Presente è tutto quello che ci serve in ogni Istante della nostra Vita. Tutto il resto è Superfluo.

NON SONO BUDDHISTA

Non posso negarlo. Sono un tantino ossessionato dall'idea di dover documentare quali siano le fonti di ciò che scrivo.

Infatti, so bene che tu potresti pensare: *"ma chi ti autorizza a parlare di Zazen? Cosa ne sai tu di buddhismo Zen? Non sei certo un monaco Zen!"*

Hai perfettamente ragione!

Ecco perché voglio elencarti alcune delle fonti dalle quali ho tratto ispirazione, prima di tutto, per la mia pratica meditativa e poi anche per ciò che ho scritto in questo libro. Non voglio annoiarti con l'elenco di tutti i libri che ho consultato negli anni, ma ti posso citare almeno alcune fonti che, oltretutto, ti consiglierei di leggere direttamente, per ulteriori approfondimenti (li puoi trovare agevolmente, anche scaricandoli da internet).

Un testo molto utile è "Introduzione al Buddhismo e alla Pratica di Zazen – insegnamenti del Maestro Gudo Nishijima Roshi"; in esso troverai un descrizione rapida, ma sufficientemente completa, del principi essenziali del Buddhismo Zen.

Ma ciò che mi ha letteralmente "illuminato", nella mia conoscenza della meditazione Zazen e dei principi fondamentali che stanno alla base di tale pratica, è stato un fantastico manuale scritto da Kōshō Uchiyama Rōshi, un monaco Zen di spicco nel suo ruolo di "ponte" tra diverse culture e generazioni.

Il suddetto manuale, intitolato "La realtà della Vita – Zazen così com'è, a parole", fu scritto da Uchiyama nel 1971 con l'intento di spiegare nel dettaglio il significato e la prassi dello Zazen come cuore dell'insegnamento buddista. Quindi, non è solo un eccellente testo d'introduzione alla pratica, ma anche un compendio dei principi fondamentali del buddhismo.

Sebbene la mia pratica meditativa abbia tratto ispirazione anche dai suddetti testi, non posso assolutamente dichiararmi completamente aderente a tutti i fondamenti della tradizione Zen. Non sono un monaco Buddhista e non penso, assolutamente, di volerlo diventare (figurati se possa interessarmi che lo faccia tu).

Dopo tutto, lo stesso Kōshō Uchiyama un giorno disse: *"non parlate di Zen Sōtō o di Zen Rinzai: queste sono divisioni caratteristiche della cultura sino-giapponese. Non ha senso esportarle. Nasceranno con naturalezza differenze e varietà di espressione, modi originali autonomi e variegati per vivere la verità espressa secondo il buddismo nelle lingue e nei costumi dell'Italia, dell'Occidente. Lasciate a noi Orientali i nostri problemi. Badate unicamente a mantenere chiara la fonte. Le differenze e le contraddizioni saranno allora ricchezza"*

Pertanto, credo che il mio intento di accogliere solo ciò che mi "convince" dello Zen mi consentirà, nel tempo, di arricchirmi sempre più grazie alla meravigliosa esperienza della meditazione Zazen, pur senza dover rispettare una rigorosa ortodossia.

Inoltre, come ho già citato in un precedente capitolo, il contenuto di questo libro è legato anche a principi della Psicologia occidentale, con particolare riferimento alla psicoterapia cognitivo comportamentale di terza generazione. Tra i vari principi di questo contesto scientifico ho trovato particolarmente interessanti quelli dell'ACT, ovvero l'Acceptance and Commitment Therapy. Ti ho già suggerito di leggere i libri scritti da Steven C. Hayes, ideatore dell'ACT, o da un altro brillante Psicologo come Russ Harris.

Parlare di meditazione, in occidente, può coincidere col parlare di Mindfulness (della quale sono **istruttore certificato**, potendone quindi insegnare i fondamenti a chiunque sia interessato *). Su questa disciplina ti invito a leggere i libri scritti da Jon Kabat-Zinn, ideatore del protocollo Mindfuness-Based Stress Reduction (MBSR), un percorso della durata di otto settimane che ha l'obiettivo di gestire la sofferenza, coltivando una comprensione e accettazione profonda dei propri stati mentali, nel momento presente e attraverso un atteggiamento non giudicante.

In definitiva, mi sento di poter assicurare che le cose che stai leggendo in questo libro non sono proprio "fuffa".

(* vai su: http://crescitavera.altervista.org/)

come dice Vasco Rossi: *"piccolo spazio pubblicità"* ☺

ZAZEN NON È DISTACCO

Osho, un filosofo e maestro indiano, disse: *"ad alcune persone sul sentiero della Meditazione accade che diventino fredde ed apatiche. Ciò è dovuto al fatto che si è lavorato troppo sul controllo della mente, piuttosto che sul sentire del Cuore"*.

Chi pratica la meditazione può commettere l'errore di voler spegnere le proprie paure e le emozioni sgradevoli, finendo per soffocare la propria vitalità (il Cuore). Non si possono rifiutare le proprie emozioni, non si possono abbandonare perché ci appartengono. Rifiutarle significa rifiutare sé stessi.

Solo se permetterai, AMICHEVOLMENTE, alla tua paura di esistere e se accetterai le tue emozioni negative, riuscirai a vivere coerentemente con i tuoi Valori, aprendo il tuo cuore.

Il rifiuto delle proprie emozioni è tra i principali errori per chi vuol praticare ogni forma di meditazione, quale che sia, Zazen o altre. La giusta pratica consiste nell'amarsi. Spero di riuscirci e ti auguro di riuscirci, anche se non è facile.

HO SCOPERTO L'ACQUA CALDA!

Mannaggia, sarebbe bastato nascere 2-3000 anni prima e sarei passato alla storia.

Mi è già capitato altre volte, nelle quali ho pensato a qualcosa che mi sembrava una grande verità. Avevo quasi creduto di aver raggiunto il "nirvana" e poi...

scoprivo che già altri avevano detto la stessa cosa, anche alcuni secoli prima: una volta Bhudda, un'altra volta Gesù o Gandhi, un'altra volta ancora Confucio, Socrate o Aristotele. Insomma, sono un genio ma arrivo sempre in ritardo.

Ad esempio un bel giorno ho pensato, con intima e profonda convinzione, che:

LA FELICITÀ NON È L'ASSENZA DELLA SOFFERENZA PERCHÉ, IN TAL SENSO, LA FELICITÀ SEMPLICEMENTE NON ESISTE.

Poi mi son messo davanti al computer, ho fatto una ricerca con Google ed ho trovato che Daisaku Ikeda, uno dei più importanti leader spirituali buddhisti del XX secolo, ha già detto che "la vera felicità non è l'assenza di sofferenza. Il cielo non può essere sereno tutti i giorni. La vera felicità sta nel costruire un io che si erge dignitoso e indomabile. Felicità non significa avere una vita libera dalle difficoltà, ma essere in grado di raccogliere l'indomito coraggio e l'incrollabile convinzione per affrontare e superare qualunque difficoltà senza esserne minimamente scossi".

Anch'io, dopo più di mezzo secolo di vita, ho compreso che ci si sente almeno più sereni solo quando si riesce a pensare alla reale dignità della propria esistenza e si comincia a guardare con distacco tutte le illusorie apparenze della vita alle quali si attacca, di continuo, il nostro ego. Quando comprendi che NON ESISTE l'assenza della sofferenza e, pertanto, comprendi che NON È l'assenza di sofferenza a darti la felicità, ti liberi da un peso immane e ti ergi con tutto il tuo indomabile essere.

È vero, non sono stato il primo a pensarlo, ma sono ugualmente contento di aver cominciato a capire qualcosa di veramente importante per la mia vita (meglio tardi che mai).

Come ho già detto, uomini ben più illustri di me hanno cercato di insegnarci alcune grandi verità e, tra queste sagge persone, c'è stato sicuramente il Buddha. Il fulcro del pensiero di Buddha è rintracciabile nel suo Discorso di Benares dove egli, sostanzialmente, definì tre principi fondamentali:

1. la vita è sofferenza

2. la causa della sofferenza è il desiderio

3. è possibile liberarsi dal desiderio tramite una vita retta e contemplativa (secondo l'Ottuplice Sentiero).

In particolare, penso che sia il primo punto la chiave per comprendere tutto il pensiero di Buddha.

Il nostro ego cerca la felicità in qualcosa che, semplicemente, non esiste: l'assenza di sofferenza.

Anche Gesù sulla croce ci ha insegnato la stessa cosa, perché anche Gesù ha sofferto ed ha accettato tale sofferenza, semplicemente perché insita nella natura umana.

Stai attento a non confondere l'idea di "accettazione" con quella di "sopportazione".

Gesù ha accettato la sua croce, non l'ha sopportata. Ci ha insegnato che la nostra esistenza è fatta anche di tante croci, dalle quali non possiamo sempre sfuggire. Prima o poi, arriva sempre qualche croce sulla quale dobbiamo salire.

Non è che dobbiamo arrenderci a tutto ciò che ci può danneggiare, mica siamo scemi. Se trovi il mezzo per evitare un dolore, usalo pure, ma non ti illudere! La sofferenza è strutturale nella natura umana, arriverà qualche altra causa a suscitarla.

Non ti arrendere, non sopportare il dolore, ma se ti ostini a rifiutare la sofferenza, semplicemente, rifiuti la tua natura. E se cerchi la felicità nell'assenza della sofferenza, semplicemente, stai perdendo il tuo tempo.

È un po' come succede con la salute: se credi che la salute debba essere assenza di malattia, prima o poi ti arriverà una gran batosta. RASSEGNATI!

Anche con questa affermazione non sono stato particolarmente originale. Infatti, l'organizzazione mondiale della sanità ha definito la salute come uno "stato di completo benessere fisico, psichico e sociale e **non semplice assenza di malattia**".

Anche se si ha la fortuna di star bene tutta la vita, ad un certo punto, MUORI e se ti illudevi di spassartela ancora per un po', beh!, ti sei semplicemente sbagliato.

È vero, per pagare e morire c'è sempre tempo (mica siamo fessi), ma non facciamo come gli struzzi ad infossare la testa nella sabbia per non guardare in faccia la sofferenza che ci appartiene.

Non perdendo tempo a rifiutarla, troveremo il tempo per vivere coerentemente con i nostri valori più sinceri e profondi e, forse, solo così saremo più sereni (se non addirittura felici).

Ricorda, **è il tuo ego che soffre e non potrai mai impedirlo, ma il tuo io ne è solo testimone.**

IN CONCLUSIONE

So benissimo che tutto ciò che hai letto in questo libro, per tanti, può risultare uno sconclusionato mucchio di contorte ed inutili farneticazioni. Non mi importa, posso fare benissimo a meno del loro consenso. Continuino pure a vivere una misera vita, rincorrendo una felicità che non esiste.

Questo libro, infatti, non è dedicato a chi sta ancora cercando la felicità, bensì alle persone che già sono felici e, pertanto, spero di non aver rovinato tutto. Scrivendo questo libro, ho corso il rischio di allontanarmi ed allontanarti dal vero significato della felicità, perché il solo parlarne è il modo peggiore per esserne partecipi.

Uno strumento sicuramente migliore per comprendere il profondo significato della felicità è la meditazione, intesa come un concreto modo di essere, ovvero un atteggiamento che puoi avere in qualsiasi momento della vita. Per familiarizzare con questo modo di essere, per farlo diventare una semplice abitudine, è sicuramente utile la pratica della meditazione, come generalmente la immaginiamo: "stai fermo a respirare e sembri un deficiente". Certo, anche se inizialmente può sembrare un po' ridicolo praticarla, la meditazione consente di comprendere quanto sia privo di significato il passato ed il futuro. Grazie ad essa, capisci quanto tu stesso non sei niente nel passato o nel futuro. Comprendi che conta solo ciò che esiste nell'istante presente e che la tua stessa esistenza è solo ADESSO, anche se tutto ciò non ha alcuna definizione, alcuna faccia, se non nell'illusione creata dalla tua mente che tenta, disperatamente, di "trattenere" il flusso continuo dell'esistenza. Grazie alla meditazione capisci che quello che tu credi che sia il tuo volto è solo l'immagine del tuo Ego.

La meditazione è l'atteggiamento, ovvero il modo d'essere di chi può possedere tale saggezza e che, nel momento stesso in cui ci pensa, già si allontana da questa consapevolezza perché, proprio con quel pensiero, si attacca all'idea di una realtà che, in quanto idea, già non è più presente.

La realtà è il continuo flusso della vita e non puoi trattenerla, non puoi contenerla nel tuo pensiero, non puoi realmente "comprenderla", puoi solo viverla. Non si tratta di pensarci o di parlarne (come sto facendo io, adesso), ma di esserne partecipe, istante per istante.

Lo so, ho scritto troppo per dire poco e qualcuno potrà anche essersi abbondantemente annoiato per leggere questo libro. Non credo di aver detto cose interessanti per tutte le persone, anche perché non mi illudo di poter dimostrare di essere particolarmente saggio. In realtà sto solo cercando di smettere di raccontarmela ed ammettere una cosa semplicissima:

SONO VULNERABILE

Questo dimostra quanto io sia, ancora, dominato dal mio Ego. Essere capace di dichiarare il proprio oscuro segreto agli altri è estremamente difficile, ma alla fine può consentire di scoprire che il colmo è che tutti abbiamo gli stessi segreti.

La meditazione aiuta a comprendere tutto ciò solo se non lo pretendi come scopo. Ecco perché, se ti ostini a chiedere a cosa serva la meditazione, la risposta più giusta è che la meditazione non serve a niente.

Ecco perché continuerò a praticare Zazen.

Se (inspiegabilmente) questo libro ti è piaciuto, potresti anche comprarne un'altra copia per regalarla ad un tuo amico o parente; il suo compleanno o un'altra festa, come il prossimo Natale, potrebbe essere l'occasione giusta. È chiaro che mi farà molto piacere se altre persone conosceranno quel che ho scritto.

Ma quel che conta più di tutto è che, con la tua lettura, hai fatto incontrare la tua strada con la mia, per poi riprendere ognuno il proprio cammino, indipendentemente.

Per acquistare questo libro, vai su:

https://www.lulu.com/

seleziona l'accesso in Italiano
e cerca nell'apposito spazio, digitando il titolo
"PENSIERI SPARSI PER PERSONE FELICI"

Presto, troverai lo stesso libro attraverso
altri canali di vendita.

Sono estremamente contento per l'interesse che hai voluto dedicare a questo libro e, per tale motivo, voglio dirti:

Grazie